AF590913

INTRODUCCIÓN AL

REALISMO Y NATURALISMO

EN LA NOVELA DEL SIGLO XIX

Teoría y Actividades para el aula

Emérita Moreno Pavón

ISBN 978-1-84753-652-5

Depósito Legal: BA-516-07

Imagen de la portada: Montaje fotográfico de la escultura de la Regenta de Mauro Álvarez Fernández con la torre de la catedral de Oviedo al fondo

Editorial Lulu Enterprises

26-28 Hammersmith Grove

London W6 7BA

Impreso en España - Printed in Spain

Publicaciones Digitales, S.A.

C/ San Florencio, 2.

41018 Sevilla.Spain

ÍNDICE

INTRODUCCIÓN

Pretendiendo que sea una ayuda al estudiante de enseñanza secundaria y bachillerato, me he decido a transmitir, de una manera clara y sencilla, conocimientos de literatura pero sin dejar de lado las obras y los hechos históricos que envuelven a las mismas.

Este trabajo trata de autores y obras de la novela realista y naturalista desarrollada en el siglo XIX, así como de las características más importantes de dichos movimientos literarios, tanto en Europa como en España.

La obra está dividida en cuatro partes; en la primera, se introducen las características más importantes de estos dos movimientos literarios, las circunstancias históricas en las que se desarrollan, los constituyentes de la novela realista y se realiza un análisis de los principales autores europeos. Las características del Realismo y del Naturalismo en España constituyen la segunda parte. El tercer apartado analiza los autores españoles más representativos y para finalizar, presentamos una serie de actividades destinadas al análisis y consolidación de los conocimientos presentados.

1.- REALISMO Y NATURALISMO EN EUROPA

1.1 CONTEXTO HISTÓRICO

Como continuación de los procesos de industrialización ocurridos en la primera mitad del siglo XIX, la Europa posterior a 1848 ("***La primavera de los pueblos"***) se caracteriza por un rápido crecimiento demográfico, por la expansión económica, por la intensificación del comercio y por un notable progreso técnico. Toda esta evolución social, científica y económica estuvo presidida por:

- La consolidación del poder de la burguesía, la cual deriva hacia posiciones más conservadoras por la necesidad de defender sus nuevos privilegios frente a las crecientes presiones del proletariado, cada vez más organizado (socialismo, comunismo, anarquismo). Esta tensión social explica la aparición de gobiernos autoritarios de inspiración conservadora al servicio de los intereses de la burguesía.

- El Liberalismo que atempera sus formulaciones exaltadas de principios de siglo (siglo XIX) derivando hacia un moderantismo que se explica como una defensa de los nuevos privilegios adquiridos por la burguesía.

- La nueva filosofía, el positivismo, es la corriente de ideas característica del momento y supone una nueva actitud frente a la realidad desechando todo aquello que no proceda de la observación rigurosa y de la experiencia. El filósofo sistematizará las ciencias que ahora adquieren un gran desarrollo

Dentro de las aportaciones realizadas por la ciencia y que repercutieron en la literatura de la segunda mitad del siglo XIX tenemos:

- El nuevo **método experimental** de Claude Bernard
- Las nuevas teorías sobre la **herencia biológica** de Gregor Mendel.
- La teoría sobre la **evolución de las especies** de Charles Darwin

Los cambios sociales y de mentalidad explica el declinar de las tendencias románticas, cuyas principales características eran el subjetivismo, el idealismo, el desacuerdo con el mundo circundante, etc. Los nuevos tiempos conducen, al contrario, hacia:

- Unas pretensiones de visión objetiva
- El propósito de someterse a las realidades inmediatas
- Una instalación sólida en el mundo

Los sueños y la angustia vital del romántico serán sustituidos por programas concretos de acción y por un examen crítico de los problemas de la sociedad con vistas a encontrar soluciones concretas.

Es en este contexto donde se desarrolla las nuevas corrientes literarias posteriores al romanticismo: El Realismo y el Naturalismo

1.2 CARACTERÍSTICAS GENERALES DEL REALISMO Y DEL NATURALISMO

Los términos **Realismo** y **realista** aparecieron en Francia para designar, con intención peyorativa al principio, la obra de ciertos pintores como Gustave Coubert (1819-1877) que, frente a los temas grandilocuentes y la escenografía aparatosa de los románticos, llevaba a sus lienzos sencillas escenas de la vida cotidiana. Enseguida se aplicaron aquellos términos a las obras literarias animadas de un propósito análogo, el de recoger fieles testimonios de la sociedad de la época.

Al hablar de Realismo, tenemos que referirnos sobre todo a la novela ya que es el género dominante en esta etapa.

Si el lirismo o el drama eran los géneros más adaptados a la expresión de la subjetividad o a la plasmación de las tensiones propias del espíritu romántico, no cabe duda de que la novela es la mejor forma para contar la realidad de las personas y de la sociedad en la que viven.

La novela realista trata de frenar la libertad romántica presentando la vida tal como es. La novela encanta a los lectores porque en ellas ven explicados sus ansias y temores, sus inseguridades y problemas cotidianos. Como veremos, el novelista francés **Stendhal** decía que ***la novela es un espejo que se pasea por un gran camino. En ocasiones refleja el azul de los cielos y otras veces el fango de los barrizales del camino.***

El Realismo se desarrollará a partir del Romanticismo por eliminación de algunas de sus facetas:

- Se combate el subjetivismo.
- Se frena la imaginación.
- Se rechaza lo fantástico o lo maravilloso.
- Se pone un dique a las explosiones del sentimiento.
- La mirada del autor se desplaza de lo pintoresco a la cotidiano.
- Se abandona la evocación al pasado, tan grata de los románticos (novela histórica, etc.)

A cambio de esta labor de depuración o rechazo, el Realismo presenta como rasgo fundamental la **rigurosa observación de la vida**. Con pretensiones científicas, los autores aportan nuevos métodos de explorar la realidad:

- Se documentan sobre el terreno tomando minuciosos apuntes sobre los escenarios, las gentes, la indumentaria, etc.
- Buscan en los libros los datos necesarios para conseguir la exactitud ambiental o psicológica.

Esta fidelidad descriptiva se aplica en dos terrenos:

(a) La pintura de costumbres.

Lleva al novelista a la ambición de trazar amplios frescos de la sociedad de la época (Balzac, Dickens, Galdós, ...)

(b) La pintura de caracteres.

Da origen a la novela psicológica en la que se analizan con minucia los temperamentos y las motivaciones de los personajes (Flaubert, Dostoievski, ...).

Estos aspectos técnicos van acompañados casi siempre de un **propósito social y/o moral,** el novelista:

- Pone al descubierto las lacras de la sociedad con una actitud crítica, orientada en cada caso según sus orientaciones políticas.
- Se enfrenta con los entresijos del alma humana, ofreciendo al lector muestras de comportamientos nobles o deleznables y orientando su juicio.

Desde el punto de vista de la actitud narrativa y del estilo, las novedades son notables:

- El ideal de la objetividad hace que el novelista adopte preferentemente una actitud de cronista y tienda a desaparecer de sus páginas.
- Se observa una progresiva eliminación de la retórica grandilocuente de los románticos.
- Se prefiere una prosa sobria, a veces cuidada, a veces desmañada, pero casi siempre adaptada –en los diálogos- a la índole de los personajes.

En resumen, podemos concretar as características generales del realismo:

(a) Observación y descripción precisa de la realidad

Paralelo a los métodos de observación característicos de las ciencias experimentales, los escritores se documentan sobre el terreno sobre personajes o ambientes, consultan libros específicos, etc.

(b) Ubicación próxima de los hechos.

Frente a la evasión espacio-temporal del Romanticismo, los autores realistas escriben sobre lo que conocen, situando sus obras en lugares próximos y en el momento presente. Se elimina el subjetivismo y la fantasía.

(c) Frecuente propósito de crítica social y política.

Varía según la ideología particular de cada autor. En general, los autores conservadores describen la realidad para mostrar la degradación y postular un retorno a los viejos valores tradicionales. Los progresistas también muestran las lacras sociales, pero éstas, según ellos, obedecen en muchos casos a la pervivencia de una mentalidad conservadora,

(d) **Estilo sencillo y sobrio.**

Rechazan la pompa retórica romántica. El ideal del estilo es la claridad y la exactitud, como corresponde al deseo de acercar la labor del escritor a la del científico

(e) **Predilección por la novela**

Es el género literario por excelencia, el más apto para reflejar la realidad en su totalidad.

El término **Naturalismo** se usó primero como sinónimo de Realismo y sólo más tarde se especializaría para designar un corriente que, en cierto modo, lleva a sus máximas consecuencias postulados subyacentes en la literatura realista. Sus bases fueron expuestas por el escritor francés Émile Zola (1840-1902).

El Naturalismo no es sólo una tendencia literaria con sus preferencias temáticas, su estilo, etc.; pretende ser, antes que eso, una concepción del hombre, así como un método para estudiar y transcribir su comportamiento. Zola elaboró sus doctrinas a partir de ciertas teorías filosóficas y científicas de su época tales como:

(a) El Materialismo

Niega la parte espiritual del hombre: los sentimientos, ideales, etc., son considerados productos del organismo. Las leyes naturales que rigen el organismo deben explicar las reacciones del hombre.

(b) El Determinísmo.

Los comportamientos humanos están marcados por la herencia biológica y por las circunstancias sociales.

La herencia biológica (estudiada por Darwin, Mendel y otros) marca al individuo su destino y determina de un modo implacable su comportamiento.

Las circunstancias sociales (analizadas por el pensamiento socialista de la época), constituye un marco férreo que restringe las opciones del hombre para orientar su vida.

(c) Influencia de la ciencia experimental.

Si el médico contrasta sus hipótesis con el historial de sus pacientes y el biólogo con las reacciones de sus cobayas, el novelista debe experimentar con sus personajes, colocándolos en determinadas situaciones y explicando sus actos por la influencia fatal de las circunstancias.

De los presupuestos anteriores se derivan varias consecuencias literarias:

1. En cuanto a temas, ambientes y personajes, abundan los asuntos "fuertes", las bajas pasiones, así como personajes tarados, alcohólicos o psicópatas, seres que obedecen, sin saberlo, a sus tendencias genéticas, si bien sus reacciones difieren accidentalmente según el ambiente en que se han educado.

2. En la técnica y el estilo se llevan a sus últimas consecuencias los métodos de observación y documentación del Realismo. Igualmente se hace más precisa la reproducción del habla.

Cabe destacar que, si bien Realismo y Naturalismo son muy parecidos en el sentido de reflejar la realidad tal y como es (contrariamente al idealismo romántico), la diferencia radica en que el Realismo es más descriptivo y refleja los intereses de una capa social muy definida, la burguesía, mientras que el Naturalismo extiende su descripción a las clases más desfavorecidas, intenta explicar de forma materialista y casi mecanicista la raíz de los problemas sociales y alcanza a hacer una crítica social profunda.

El Naturalismo es pesimista y ateo merced al determinismo, que afirma que es imposible escapar de las condiciones sociales que guían nuestro sendero en la vida sin que podamos hacer nada por impedirlo.

Se considera que el Naturalismo es una evolución del Realismo. De hecho, la mayoría de los autores realistas evolucionó hacia esta corriente materialista, si bien otros orientaron su descripción de la realidad hacia el interior del personaje llegando a la novela psicológica.

1.3 CONSTITUYENTES DE LA NOVELA REALISTA

Analizamos, a continuación, los elementos característicos que constituyen la novela realista:

1. **Verosimilitud**

   Las historias son como fragmentos de la realidad. Aunque inventadas por su autor, están basadas en experiencias cotidianas y tanto los protagonistas como los ambientes son verosímiles

2. **Protagonistas individuales o colectivos**

   Los protagonistas son individuos que se relacionan problemáticamente con su mundo o grupos sociales completas, que permiten al novelista dar una visión global de la sociedad.

   En el primer caso, se hace hincapié en el análisis psicológico del protagonista; en el segundo caso, en la descripción de los más variados ambientes y comportamientos: burguesía, proletariado, mendigos, etc.

   Se distinguen, pues, dos tipos de novela: la novela psicológica y la novela de ambientación social.

3. Narrador omnisciente

El narrador maneja por completo los hilos del relato, sabe lo que va a suceder, conoce hasta los más ocultos pensamientos de los personajes, interviene directamente en la obra con juicios sobre hechos y personajes y con observaciones dirigidas al lector.

Esto no es en ocasiones incompatible con fingir una actitud de simple cronista de unos hechos, de una realidad de la que es testigo. Con el tiempo, este ideal de objetividad conduce a atenuar la aparición del narrador.

4. Didactismo

Existe una lección moral o social en las llamadas novelas de tesis, donde el escritor desea demostrar una idea general a la que quedan subordinados el argumento, los personajes y el ambiente.

5. Estructura lineal

Los hechos suelen transcurrir de forma lineal en el tiempo. Sin embargo, no son extrañas las vueltas atrás para contar episodios pretéritos; éstas no interrumpen más que provisionalmente el hilo narrativo.

6. **Descripciones minuciosas**

Las descripciones, tanto de exteriores como de interiores, así como la de los mismos personajes, son extremadamente detalladas. Esto relaciona de nuevo la actitud de los escritores realistas por la obsesión por el dato exacto, típica del positivismo, y justifica la abundancia de prolijos retratos.

7. **Aproximación al lenguaje coloquial**

El lenguaje narrativo se aproxima a la lengua de la conversación. Los autores se esfuerzan por adecuar el lenguaje a la naturaleza de los personajes, que hablan con arreglo a su condición social, a su origen geográfico o a sus particularidades personales..

1.4 GRANDES NOVELISTAS DEL REALISMO EUROPEO

Entre los principales escritores realistas de Europa tenemos a **Stendhal** y **Balzac** como los que iniciaron su despegue, **Flaubert** como el que inicia el tránsito hacia el naturalismo y los escritores rusos **Tolstoi** y **Dostoievski** que le dieron un original impulso cuando parecía agotarse. Entre medias, cronológicamente, se encuentra la figura de **Émile Zola**, padre del naturalismo.

1.4.1 FRANCIA

Se suele considerar a Francia la cuna del Realismo tanto porque es en este país donde surgen las primeras obras que establecen las bases del género, como por el origen mismo del término. En 1856 surgió en Francia la revista *Réalisme* que tuvo una gran influencia.

(a) STENDHAL (1783-1842)

Es el seudónimo de Marie-Henri Beyle. Stendhal trazó un retablo magistral de la sociedad surgida tras la Revolución francesa y el Imperio napoleónico. Inaugura la novela psicológica en Europa. Sus principales novelas son:

- ***Armancia*** (1826)
- ***Rojo y negro*** *(*1830)
- ***La cartuja de Parma*** *(*1839)
- ***Lucien Leuwen*** (incompleta y póstuma, 1894)

En pleno auge del Romanticismo, Stendhal se opone al arrebato de la fantasía Todas las grandes novelas de Stendhal giran en torno al problema de la hipocresía , del secreto de tratar a los hombres y de engañar a mundo

(b) HONORÉ DE BALZAC (1799-1850)

Es uno de los novelistas más importantes de todos los tiempos, tanto por la magnitud de su obra como por la calidad de las mismas. La originalidad de su obra viene marcada por la primacía que concede a lo social sobre lo individual y lo psicológico: se ha definido a Balzac como el sociólogo e historiador de su época.

En este marco plantea el conjunto de su obra, titulada por él ***La Comedia Humana*** (un proyecto de 137 novelas pero que dejó en 85). Es un conjunto de novelas y relatos por el que desfilan más de dos mil quinientos personajes de todas las clases sociales e ideologías y que reaparecen en las distintas novelas que comprenden este corpus. Su mérito consiste en haber levantado el mapa de toda la sociedad francesa de su tiempo. Su obra es un estudio sociológico de primer orden.

A continuación se muestra un cuadro del plan general de *La Comedia Humana* con las novelas más destacadas:

1 Escenas y Costumbres

Escenas de la vida privada

- ***Una hija de Eva***
- ***Modesta Mignon***
- ***El coronel Chambert*** (1835)
- ***La mujer de treinta años***
- ***Papá Goriot*** (1834)

Escenas de la vida en provincias

- ***El lirio del valle*** (1836)
- ***Úrsula Mirouët***
- ***Eugenia Grandet*** (1833)
- ***Piérrette***
- ***El cura de Tours*** (1839)

Escenas de la vida parisiense

- ***Ferragus***
- ***César Birotteau*** (1837)
- ***La casa de Nucingen***
- ***Esplendores y miserias de las cortesanas*** (1847)

Escenas de la vida política

- ***Un asunto tenebroso***

Escenas de la vida militar

- ***Los Chuanes*** (1829)

Escenas de la vida en el campo

- ***Los campesinos***
- ***El médico rural*** (1833)
- ***El cura de aldea***

2 Estudios filosóficos

- ***La piel de zapa*** (1831)
- ***La búsqueda de la absoluto*** (1834)
- ***Luis Lambert***

3 Estudios analíticos

- ***Fisiología del matrimonio*** (1829)
- ***Patología de la vida social***

(c) Gustave FLAUBERT (1821-1881)

Tras la primera generación de realistas franceses se suceden una serie de escritores de gran interés, entre los que cabe destacar la figura de Gustave Flaubert.

Su novela más conocida ***Madame Bovary*** (1857). En ella, el autor traza un admirable retrato psicológico de una mujer que se debate entre la triste realidad y sus fantasías

> Casada con un insignificante médico, Charles Bovary, trata de buscar en sus amores adúlteros las ilusiones que diariamente se le niegan. Charles no sabe nada de sus aventuras amorosas, como tampoco sabe que el derroche y los caprichos de Emma le han llevado a la bancarrota.

> Emma Bovary llegará al suicidio tras haber intentado en vano aplacar sus anhelos en la entrega desenfrenada a los dos adulterios que no hicieron sino acentuar su malestar e incapacitarla para llevar las

riendas de su vida. Charles queda deshecho por la noticia. Encuentra las cartas de Emma y muere poco después, dejando huérfana a la hija.

Flaubert, a través del personaje de Madame Bovary, rompe con todas las convenciones morales y literarias de la Burguesía del siglo XIX, ya que presenta un prototipo de heroína de ficción rebelde y tan poco resignada al destino.

Hoy existe el término «bovarismo» para aludir aquel cambio del prototipo de la mujer idealizada que difundió el romanticismo, negándole sus derechos a la pasión. Ella actúa de acuerdo a la pasión y necesidad que siente su corazón de avanzar en la búsqueda de su felicidad, pasando por los ideales establecidos para la mujer en esa época.

Emma Bovary es un quijote femenino, aunque en su caso son las novelas sentimentales y amorosas las que deforman su imaginación; es una provinciana con la cabeza llena de viento, que ha leído poco y mal, pero lo suficiente para sentirse incomprendida. En el fondo, es una sátira amarga contra los sueños románticos.

Otras obras destacadas de Flaubert son:

- ***Salambó*** (1862)
- ***La educación sentimental*** (1869)
- ***La tentación de San Antonio*** (1874)
- ***Tres cuentos*** (1877)
- ***Bouvard y Pécuchet*** (inacabada, edición póstuma).

Muchas páginas de las novelas de Flaubert reflejan el pesimismo y la desilusión de un hombre escéptico ante los cambios sociales, ante las ideologías e ilusiones contemporáneas y, sobre todo, ante la banalidad y superficialidad de la sociedad burguesa.

(d) Émile ZOLA (1840-1902)

Es considerado el máximo representante del Naturalismo, que como vimos es una tendencia del Realismo que pretende reflejar la realidad tal y como es, sin evitar sus aspectos más desagradables.

Zola se complace en reflejar exclusivamente lo feo, lo grotesco y monstruoso de la vida. Influido por la medicina experimental de Claude Bernard, pretende demostrar en sus relatos tesis científicas, como la ley de la herencia, del medio ambiente y del medio social. Ahora, el novelista no sólo observa sino que también experimenta.

Desde 1871, comienza una larga serie novelística de veinte volúmenes en la que desarrollará el análisis de una Francia decadente y corrompida a través del hilo conductor de ***Los Rougon-Macquart***

- *La fortuna de los Rougon (1871)*
- *La jauría (1872)*
- *El vientre de París (1873)*
- *La conquista de Plassans (1874)*
- *El pecado del abad Mouret (1875)*
- *Su excelencia Eugène Rougon (1876)*

- *La taberna (1877)*
- *Una página de amor (1878)*
- *Nana (novela) (1879)*
- *Pot-bouille (1882)*
- *El paraíso de las damas(1883)*
- *La alegría de vivir (1884)*
- *Germinal (1885)*
- *La obra (1886)*
- *La tierra (novela) (1887)*
- *El sueño (novela) (1888)*
- *La bestia humana (1890)*
- *El dinero (1891)*
- *El desastre (1892)*
- *El Doctor Pascal (1893)*

Este proyecto ocasiona el desfile de personajes y de ambientes: la pequeña ciudad, el mundo de las finanzas, los medios eclesiásticos, los políticos, los obreros de París, los grandes comerciantes, campesinos, mineros, artistas. Zola es un magnífico pintor de conjuntos, de lo colectivo, de la masa de gentes, como en ***Germinal*** o en ***La Taberna***.

- *Germina*l muestra las duras condiciones de vida de las colonias de mineros
- *La Taberna* describe la miseria del proletariado urbano

Dada la época de conflictos sociales y políticos en que se desarrolla el Naturalismo con continuas luchas obreras, revoluciones, represiones, etc, los temas políticos cobrarán gran relevancia. En las obras de Zola aparece una marcada tendencia a plantear la necesidad de una reforma social, de una sociedad más justa y equilibrada, que a veces se relaciona con el socialismo utópico. Esto se refleja en la serie de novelas ***Los Cuatro Evangelios*** constituida por las novelas:

- ***Fecundidad (1899)***
- ***Trabajo (1901)***
- ***Verdad (publicada póstumamente en 1903)***

1.4.2 REINO UNIDO

Para comprender algunas de las características de la novela inglesa del siglo XIX, debemos situarla en el marco político, económico y social en la que se desarrollará: la Inglaterra victoriana.

El reinado de la reina Victoria cubre un extenso periodo de tiempo (1837-1901). Durante estos casi setenta años de gobierno se van a producir algunos hechos que se reflejaran en ambientes y personajes de la literatura:

- La industrialización, traerá como consecuencia el abandono del campo.
- La aglomeración en las ciudades de una nueva clase social, el proletariado, que vive en condiciones extremadamente duras.
- Continuas revueltas y luchas del proletariado para conseguir mejoras en su situación laboral.
- La pujante burguesía va consiguiendo, además de la importancia económica y cultural ya consolidadas, una influencia política cada vez mayor. Las reformas del derecho electoral permiten consolidar a la burguesía su protagonismo en el parlamento, en tanto que a los obreros se les niega el voto.

A partir de estos hechos, se comprende como los autores nacidos a principios del siglo XIX van abandonando, desde los cuarenta, la novela histórica que, bajo el magisterio de Walter Scott, se había impuesto como única opción narrativa. La generación representada por Charles Dickens, ThacKeraym, Stevenson o Elizabeth Gaskell se orientará decididamente por los problemas sociales y de actualidad

(a) Charles DICKENS (1812-1870)

De su juventud desamparada, oficios humildes y gentes pobres con las que convive en barrios bajos, se nutre su novela. Dickens no realiza un Realismo sombrío, sino amable, sonriente y tierno.

Sus mejores relatos se refieren a niños o gentes extravagantes o pintorescas. Destacamos sus novelas:

- ***Oliver Twist*** (1838)

  Nos relata la historia de un niño envuelto en el mundo de los barrios bajos londinenses en los que el hampa dicta sus leyes. Así, Oliver es capturado por una banda para que robe para ellos.

- ***David Copperfield*** (1850)

  Es una novela que contiene elementos biográficos, ya que Dickens tuvo que trabajar a los doce años en una fábrica de calzados. También, al igual que Dickens, David Copperfield conseguirá abrirse camino en la sociedad tras una dura infancia y juventud

- ***Los papeles del Club Pickwick*** (1836-1837)

  Traza un amplísimo panorama irónico de la sociedad de su tiempo, que ha sido parangonado, por la dualidad de sus personajes, el Sr.Pickwick y su fiel criado, Sam Weller, con El Quijote de Cervantes.

(b) William Makepeace THACKERAY (1811-1863)

Es considerado como el segundo mejor novelista de la literatura victoriana, después de Charles Dickens. Al igual que él, comenzó su carrera literaria como periodista; ahora bien, Thackeray no pasó los infortunios de Dickens ya que provenía de una familia muy adinerada.

Su novela más leída es ***La feria de las vanidades (Vanity Fair, 1848)*** donde traza un retrato satírico de la sociedad londinense.

Los personajes de la novela se mueven en los ambientes aristocráticos, reflejando las contradicciones, virtudes y defectos de la rancia aristocracia y de la nueva burguesía, de los que descienden y ascienden en la escala social.

Narra con maestría las andanzas de Becky Sharp, una muchacha inteligente y ambiciosa que con sus atractivos intentará trepar en el escalafón social de la Gran Bretaña del Siglo XIX.

(c) Elizabeth GASKELLI (1810-1865)

No empezó su carrera literaria hasta 1845, empujada por la depresión que le produjo la temprana muerte de su único hijo varón. En 1848 apareció su primera novela, ***Mary Barton***, donde se refleja la miseria de los obreros en Manchester.

(d) Charlotte BROTË (1816-1854)

Recrea en su novela ***Shirley (1849)*** la rebelión de los tejedores manuales que destruyen las máquinas que están acabando con sus posibilidades de trabajo

(e) George ELIOT (1819-1880)

George Eliot, es el seudónimo de Mary Ann Evans Cross. Eliot Sobresalió en la evocación de personajes y ambientes y en análisis de los sentimientos humanos. Sus ***Escenas de la vida clerical*** la colocan a la altura de los grandes escritores de su época.

(f) Robert Louis STENVENSON (1850-1894)

Los argumentos de sus relatos están próximos al Romanticismo, pero el estilo detallista le incluye de lleno entre los autores más fecundos del Realismo. Sus obras más destacadas son:

- ***La isla del tesoro (1883)***
- ***La flecha negra***
- ***El extraño caso del doctor Jekyll y Mr.Hyde (1886)***
- ***El señor de Ballantrae***

1.4.3 RUSIA

También las condiciones políticas, económicas y sociales de la Rusia del XIX ayudan a comprender el importante desarrollo que tuvo la novela en este país.

La Rusia Zarista de principios del siglo XIX es un inmenso gigante con los pies de barro:

- El proceso de industrialización de otros países europeos no ha llegado a Rusia, lo cual priva al país de una burguesía que estimule las reformas políticas.
- Rusia continúa moviéndose en los parámetros de la sociedad feudal donde la inmensa mayoría de la población es analfabeta y trabaja, en condiciones de esclavitud, para unos terratenientes grandes territorios.
- En las grandes ciudades se hacinan muchedumbres de hambrientos y desarrapados que luchan día a día por su subsistencia.

Estos hechos dan lugar a que la novela rusa del XIX refleje conflictos primitivos, pasiones y crímenes brutales de esos seres que carecen de cualquier esperanza para salir de sus condiciones miserables.

(a) Ivan Sergeevich TURGUENIEV (1818-1883)

Pertenece a una familia noble y, tras cursar estudios universitarios, comienza su carrera literaria como poeta romántico. Sin embargo, tras una serie de viajes por Europa, conoce las nuevas teorías revolucionarias y, tras su vuelta a Rusia, comenzará a publicar en los periódicos ***Relatos de un cazador (1852)***, en los que describe los infrahumanas condiciones de la vida del campesinado. Otras novelas destacadas son:

- ***Rudín,*** (1857)
- ***Nido de hidalgos,*** (1859)
- ***Padres e hijos,*** (1862)
- ***Humo,*** (1867)
- ***Tierras vírgenes,*** (1877)

(b) Fedor Mikailovich DOSTOIEVSKI (1821-1881)

La figura literaria de Dostoievski es considerada como una de las más grandes en la literatura rusa. Desde el punto de vista ideológico, se pueden distinguir dos etapas su Dostoievski:

- En una primera, que concluye con su condena a muerte y posterior destierro a Siberia (1849-1854), Dostoievski es el novelista rebelde que considera inadmisibles las torturas corporales y la explotación de los oprimidos. Sus novelas ***Recuerdo de la casa de los muertos*** (1856-58) y ***Humillados y ofendidos*** (1860) está basada en sus recuerdos como prisionero.

- En una segunda etapa cobran en él una gran fuerza los problemas religiosos, y sus convicciones revolucionarias se hacen, en cierto modo, conservadoras e individualistas

No obstante, la nota común en sus dos etapas es la misma: un profundo rechazo a la civilización burguesa.

La psicología de sus personajes es uno de sus grandes logros al descubrir en ellos la dualidad del amor y el odio, la generosidad y el egoísmo, el orgullo y la humildad. Son seres atormentados, capaces de los actos más generosos y crueles que continuamente se preguntan por su destino y por las posibilidades del hombre de escapar a sus propios impulsos o a la tenaza de una sociedad despiadada.

- A título de ejemplo, se puede considerar el caso de Raskolnikov, protagonista de la novela ***Crimen y Castigo*** (1866), que es a la vez el asesino en busca del dinero fácil y el hombre generoso que entrega hasta sus últimas monedas ante la necesidad de un desconocido.

- Otras novelas donde se encuentran estos tipos de personajes son ***El jugador*** (1867), ***El idiota*** (1868), ***Los hermanos Karamazov*** (1879)

Las clases sociales que pinta Dostoievski corresponden al entramado social de la época: campesinos y nobles, estudiantes, obreros, prostitutas, profesionales, etc. Acusa una especial tendencia a tratar personajes aquejados de alguna dolencia física o psíquica, como la epilepsia, que el mismo padecía y que se recoge en la novela ***El idiota*** (1868). Los ambientes de sus obras reflejan la vida de la ciudad, con sus paseos, viviendas inadecuadas, tabernas y los bajos fondos

Dostoievski realiza una preparación muy cuidadosa de sus novelas, cuya estructura medita durante largos años, en los que prepara la documentación y la información adecuadas. La información utilizada para la redacción de la novela ***Los hermanos Karamázov*** (1879) puede ilustrar sobre el método utilizado:

- Para tratar las alucinaciones de Ivan *Karamázov consulta a varios doctores*
- *Para documentarse sobre el proceso de Dimitri Karamázov acude a un fiscal de provincias.*

Este cuidado en la documentación da un gran dramatismo a su literatura, que en cierto modo es una escenificación y un análisis de la realidad.

(c) Lev Nikoaevich TOLSTOI (1828-1910)

Nace en el seno de una familia noble. Su experiencia como oficial turco-rusa se recoge en los ***Relatos de Sebastopol*** (1855-56). Sin embargo, su obra más importante de tema bélico es ***Guerra y Paz*** (1865-1869)

- Trata sobre los hechos históricos de la época napoleónica, descritos en forma cronológica:

  — 1805-1806: El ejército Ruso en Europa y la batalla de Austerlitz.

  — 1806-1811: Periodo de paz en Moscú y en San Petersburgo

  — 1811-1812: La guerra de Rusia y la derrota de los ejércitos franceses después de la ocupación de Moscú.

- Describe además los bailes y las reuniones que se daban en casa de las familias aristócratas de Rusia en las cuales el tema de conversación era la guerra y la invasión napoleónica. Se relatan también la forma en que las familias rusas se vinculaban mediante los compromisos matrimoniales y la importancia que éstos tenían para la sociedad

En 1877 concluye su novela ***Ana Karenina*** en la que desarrolla uno de los temas favoritos de los escritores realistas de todos los países: los conflictos interiores que surgen en una mujer cuando se enfrentan sus pasiones amorosas a las normas morales de la sociedad. Esta obra también refleja las fuertes crisis espirituales de un Tolstoi apasionado por los principios del cristianismo, pero a la vez crítico del poder inmenso que la Iglesia tenía en Rusia y que se reflejaba en la política, la moral y las costumbres.

2.- REALISMO Y NATURALISMO EN ESPAÑA

2.1 CONTEXTO HISTÓRICO

España presenta, junto a semejanzas, notables diferencias con respecto a otros países de la Europa occidental:

- La población crece rápidamente en la segunda mitad de siglo
- La industrialización es más lenta y se circunscribe a Cataluña y al País Vasco
- La burguesía, formada por grandes empresarios y terratenientes, es la clase dominante del país. Se instalan en el poder y se vuelven conservadores y moderados.
- Los progresistas, integrados por pequeños empresarios, artesanos y militares de baja graduación, se enfrentan al conservadurismo y a los privilegios de los ricos
- El proletariado, clase a la que pertenecen los obreros y campesinos, intenta defender sus intereses; socialismo y anarquismo se enfrentan al sistema político dominante.

La segunda mitad siglo XIX en España se caracteriza por ser una época de gran inestabilidad por las constantes tensiones políticas. Se da una continua alternancia entre conservadores y progresistas y numerosos cambios políticos:

1843-1868

- Durante estos 25 años se produce el reinado de Isabel II. En su comienzo, el Partido Moderado, bajo el liderazgo del general Narváez, dominó la escena política durante los diez primeros años (1844-1854), estamos ante la denominada "Década Moderada".
- El Gobierno moderado se ejerció de forma restrictiva y exclusivista, obligando a los progresistas, marginados del poder a recurrir a la vía de los pronunciamientos militares y algaradas callejeras, para forzar un cambio político y acceder al Gobierno. Entre 1846 y 1849 se produce la segunda guerra carlista.
- Entre los años 1854 y 1868, la vida política disfrutó de un intervalo de relativa tolerancia y conciliación gracias al entendimiento de los dos principales generales-políticos, Espartero (progresista) y O'Donnell (conservador) durante el denominado "bienio

progresista" (1854-1856) y al gobierno del partido de la Unión Liberal, fundado por O'Donnell, que se hizo prácticamente cargo del gobierno hasta la revolución de 1868 ("La Gloriosa") que obliga a la reina a exiliarse a Francia.

1868-1874

- Estos seis años son conocidos como el "sexenio democrático". Durante ellos se conoció una monarquía constitucional (Amadeo I de Saboya desde 1871 hasta 1873), una república federal (I República Española, desde 1873 hasta 1874) y una república unitaria presidencialista (golpe de estado de Pavía y gobierno del general Serrano desde enero a diciembre de 1874).
- El 29 de diciembre de 1874 se produce la restauración de los Borbones gracias al pronunciamiento militar del general Martínez Campos en Sagunto proclamando rey de España a Alfonso XII.

1875-1902

- Reinado de Alfonso XII hasta su muerte en 1885
- Regencia de la reina María Cristina de Habsburgo-Lorena durante la minoría de edad de Alfonso XIII

Con la restauración monárquica se consolidó un sistema político fundamentalmente bipartidista. El partido conservador (heredero del Moderado y el Unionista), liderado por Cánovas del Castillo y apoyado por la aristocracia y las clases medias moderadas, se repartía el poder político con el partido liberal, liderado por Sagasta y apoyado por industriales y comerciantes.

En realidad, la vida del país estaba dominada por la oligarquía política y el caciquismo de la aristocracia rural. Durante su reinado se aprobó una nueva constitución (1876) que sustituía a la de 1869, que era de carácter más progresista.

Desde la Restauración se obra una transformación de la sociedad española. En la etapa anterior, en el Romanticismo primaba la ensoñación, se exaltaba la libertad individual. En esta etapa se da una consolidación de la burguesía ya no tan interesada en las ensoñaciones como en lo práctico lo que supone el campo de cultivo perfecto para el realismo: **Se quieren conocer las cosas tal y como son**.

Aumenta el número de lectores en esta etapa y la importancia de los periódicos, que cobran mucha influencia en la opinión pública, además de ser el medio para la difusión de las novelas por entregas. En esta época surgen también distintas corrientes ideológicas:

- Tradicionalistas:

  El catolicismo, contrario a las innovaciones científicas y filosóficas. Autores de carácter tradicionalista fueron Fernán Caballero, Pedro Antonio de Alarcón y José María de Pereda, entre otros.

- Krausistas:

  Postulaban una moral basada en la humanidad y la tolerancia Aplicaron sus ideas a la enseñanza, laica y moderna, crearon la "Institución Libre de Enseñanza" e influyeron en algunos escritores tales como Benito Pérez Galdós, Leopoldo Alas "Clarín", Vicente Blasco Ibáñez, Emilia Pardo Bazán, ...)

2.2 ORÍGENES Y CARACTERÍSTICAS DE LA NOVELA REALISTA EN ESPAÑA

Al igual que ocurrió con la literatura romántica, también la novela realista tiene un desarrollo más tardío en España, de forma que su periodo dorado ocupa el último tercio del siglo XIX. Las grandes novelas realistas de Francia, Inglaterra o Rusia se comienza a publicar entre 1830 y 1870 aproximadamente

Stendhal

Rojo y negro (1830), La cartuja de Parma (1839)

Balzac

La Comedia Humana (El coronel Chambert (1835), Eugenia Grandet (1833), Papá Goriot (1834), El cura de Tours (1839), César Birotteau (1837), Esplendores y miserias de las cortesanas (1847), Los Chuanes (1829), El médico rural (1833), La piel de zapa (1831), La búsqueda de la absoluto (1834), ...)

Flaubert

Madame Bovary (1857), *Salambó* (1862), ...

Zola

Los Rougon-Macquart (La taberna (1877), La fortuna de los Rougon (1871), Germinal (1885), ...)

Dickens

Oliver Twist (1838), *David Copperfield* (1850), *Los papeles del Club Pickwick* (1836-1837)

<u>Thackeray</u>

La feria de las vanidades (1848)

<u>Dostoievski</u>

Crimen y Castigo (1866), *El jugador* (1867), *El idiota* (1868), *Los hermanos Karamazov* (1879)

<u>Tolstoi</u>

Guerra y Paz (1865-1869) , Ana Karenina (1877)

En España hay que esperar hasta 1870 para que Galdós inaugure el género con su novela ***La Fontana de oro*** e incluso algunos más para que los escritores más jóvenes (Pardo Bazán, Clarín, Palacio Valdés) o los de más edad (Alarcón, Pereda o Valera) decidan sumarse al nuevo movimiento

Los hechos de carácter político van a tener una gran incidencia en la literatura. Será tras la caída de la monarquía con la revolución de septiembre de1868 cuando se acabe con las viejas formas narrativas (novela histórica, folletines, costumbrismo) y la novela realista alcance un protagonismo tan importante como el que había alcanzado en otros países.

Los responsables de esta nueva forma de escribir serán conocidos con el nombre de **Generación del 68**, no porque comiencen a escribir en esa fecha, sino porque la revolución que acaba con la monarquía dará lugar a una serie de cambios políticos y sociales de gran transcendencia tales como el sufragio universal recogido por la Constitución de 1869.

La novela realista no surge de la nada, la literatura española contaba con una insuperable tradición de realismo en la novela cervantina, en la novela picaresca (*El Lazarillo de Tormes*, *El Guzmán de Alfarache*, ...), así como un costumbrismo floreciente en la primera mitad del siglo XIX en autores como Larra, Estébanez Calderón y Mesonero Romanos. Incluso las primeras obras de José María de Pereda son cuadros costumbristas a la manera romántica.

Otra causa del nacimiento de la novela realista está en la novela folletinesca popular, literatura apresurada de temas históricos, sentimentales y eróticos, que se desarrolla entre 1840 y 1850 con autores como Wenceslao Ayguals de Izco y su novela *María, la hija de un jornalero* (1845) y Manuel Fernández y González. Esta novela sirvió de reactivo para que los escritores la desechen como falsa y no real y escriban obras donde se muestren las cosas tal y como son, sin ideales románticos.

También debemos señalar la influencia de los escritores realistas extranjeros en los que vieron modelos de nuevos temas y de nuevos tratamientos de la realidad contemporánea:

- De los franceses, se admira sobre todo a Balzac, por su vasta visión de la sociedad de su tiempo en ***La Comedia Humana***; junto a él, Stendhal, como penetrante observador del corazón humano en ***Rojo y Negro*** y ***La Cartuja de Parma***; Flaubert, con su rigor documental y su consistencia estética, presentes en su ***Madame Bovary.***
- De Inglaterra llegan las novelas de Dickens, que interesaron sobre todo por su tierna y fina captación de las gentes humildes, como en ***Oliver Twist***.
- Los grandes novelistas rusos produjeron un hondo impacto: la grandeza y la intensidad de Dostoievski (***El idiota***, ***Crimen y Castigo***, ***Los hermanos Karamazov***), la amplitud y el humanitarismo místico-social de Tolstoi (***Ana Karenina***, ***Guerra y Paz***...)

Sin embargo, y aunque los novelistas españoles reciban provechosas lecciones de tales lecturas, nunca se ajustarán totalmente a los cánones del realismo francés o de otros países.

> Aunque las técnicas de Balzac y Flaubert si les llevaron a una mayor preocupación por la labor de documentación previa a la composición de una novela, nuestros escritores realistas buscan la inspiración en la vida y en las tierras de España antes que en los libros venidos de fuera.

2.3 TIPOS DE NOVELA REALISTA

El propósito de trasladar la realidad de la forma más fiable a la obra literaria se puede llevar a cabo de diferentes formas, que dan lugar a los distintos tipos de novela realista:

- De forma abstracta (Novela de tesis)

  Presenta dos mundos opuestos, tradicional/liberal, encarnados por los personajes. El autor expresa sus ideas en los textos

- De forma material (Novela naturalista)

  No se limita sólo a describir la realidad objetivamente, sino que pretende estudiar el comportamiento humano determinado por la herencia y el ambiente.

- De forma espiritual (Novela espiritualista)

  Personajes que, aunque tomados de la realidad, son símbolos de valores espirituales.

2.4 CARÁCTERÍSTICAS DEL NATURALISMO ESPAÑOL

Los escritores de la generación de 1868, como Pereda, Emilia Pardo Bazán, Valera, Alarcón, Galdós o Clarín, oscilaron entre el Realismo (a veces con tonos románticos como Alarcón) y el Naturalismo.

El origen del Naturalismo en España hay que situarlo en 1880 cuando se tradujeron al español algunas novelas de Zola y aparece la novela de Galdós, ***La desheredada (1881)***, y la crítica a la misma por Clarín, que vino a ser un manifiesto teórico del Naturalismo en España, como también lo fue el prólogo de la novela ***Un viaje de novios (1881)*** de Emilia Pardo Bazán.

Ahora bien, las ideas de Zola no se asimilaron en su conjunto sino que se adaptaron a la mentalidad española. Entre 1882 y 1883, Emilia Pardo Bazán publicó una serie de artículos con el título general ***La Cuestión Palpitante***, en los que analiza las ventajas e inconvenientes del naturalismo:

- Por un lado, cree que el naturalismo debe acoger los logros del método científico en lo que se refiere a la observación minuciosa de la realidad.

- Por otro lado, se rechaza enérgicamente el determinismo y las descripciones soeces y repugnantes de la escuela zolesca en nombre de un concepción cristiana del hombre

Junto a la búsqueda del equilibrio entre tradición española e innovación naturalista, Galdós, Clarín o Pardo Bazán reclaman una mayor presencia de lo espiritual, del análisis psicológico de los personajes.

- Sin negar la influencia del medio en la personalidad del individuo, estos novelistas intentarán apartarse de un determinismo que justifique cualquier acción humana por las leyes de la herencia y por la influencia del medio ambiente.

- Los personajes de Galdós, Clarín o Emilia Pardo Bazán muestran una psicología individualizada, compleja y, con frecuencia, contradictoria con la de otros individuos de su misma clase social.

Este afán de aunar realismo y estudio psicológico profundo de los personajes está claramente influenciado por la literatura rusa, la cual supuso para los españoles el descubrimiento de un Naturalismo Espiritual. En Tolstoi encontraron la amalgama precisa de idealismo y naturalismo que la mayoría de ellos había estado buscando.

En España participaron de este movimiento hombres comprometidos con posturas cercanas al Krausismo o la izquierda como Galdós, Clarín y Vicente Blasco Ibáñez. Desde la óptica conservadora puede también hablarse de un Naturalismo cristiano no rigurosamente pesimista ni determinista en el que militaron autores como Emilia Pardo Bazán y José María de Pereda entre otros. Las grandes obras que la crítica suele clasificar como naturalistas son:

- ***La desheredada (1881), Fortunata y Jacinta (1886/87)***, de Galdós.
- ***Los Pazos de Ulloa (1886/87)*** y ***La Madre Naturaleza (1887)***, de Emilia Pardo Bazán.
- ***La Regenta (1884/85), Su único hijo (1890),*** de Clarín.
- ***Flor de Mayo (1895)***, ***Cañas y barro (1902)*** y otras de Vicente Blasco Ibáñez.

3.- FIGURAS DE LA NOVELA REALISTA EN ESPAÑA

3.1 ALARCÓN, PEREDA Y VALERA

El paso del romanticismo hacia un Realismo incipiente está representado en las figuras de Fernán Caballero - seudónimo de Cecilia Böhl de Faber (1796-1877) – y Pedro Antonio de Alarcón (1833-1891).

- La labor literaria de Fernán Caballero arranca del costumbrismo. Refleja el ambiente popular andaluz tanto en sus relatos breves como en sus novelas largas, de las que ***La Gaviota (1849)*** es la más conocida. A pesar de su sentimentalismo, de su enfoque moralizante donde se exalta el tradicionalismo católico frente a las ideas liberales francesas, tiene el mérito de haberse decidido a novelar la realidad cotidiana española aunque bastante lejos de la corriente realista europea.

- Pedro Antonio de Alarcón también comenzó como escritor costumbrista y narrador romántico. Ya en su madurez, a partir de 1875, pretendió incorporarse al Realismo con novelas como ***El Escándalo (1875)***, ***El niño de la Bola (1882)*** o ***La Pródiga (1882)***; sin embargo, la técnica narrativa empleada recuerda más al folletín romántico que a las nuevas tendencias. Antes de estas novelas, había producido su mejor obra ***El sombrero de tres picos (1874)***, una novela breve de carácter burlesco y costumbrista

También debemos destacar la figura que representa del cordobés Juan Valera y Alcalá Galiano (1824-1905). Su vida fue la de un diplomático en contacto con muchos países de Europa y América que lo configuró como un hombre de mundo, refinado, enemigo de cualquier exceso ideológico o sentimental, moderado en lo político y escéptico en lo religioso.

- Frente al Romanticismo de su juventud y al Realismo de su madurez, Valera proclamó con firmeza una postura esteticista. Para él, la misión del novelista no es ni sacudir los sentimientos, ni dar testimonio de las miserias humanas, ni proponer "tesis", sino crear obras atractivas, inteligentes y bellas.

- Sin embargo Valera no se sustrae del Realismo ya que elige ambientes precisos y contemporáneos, personajes verosímiles, aunque elimine los aspectos penosos y crudos de la realidad

Cronológicamente, su obra se divide en dos grupos separados por dieciséis años, durante los cuales, muy ocupado con su carrera diplomática, escribió sólo crítica. Cada grupo empieza con una obra maestra:

En el primer grupo***: Pepita Jiménez (1874), Las ilusiones del doctor Faustino (1875), El Comendador Mendoza (1877), Pasarse de listo (1877) y Doña Luz (1879)***

En el segundo grupo***: Juanita la Larga (1895), Genio y figura (1897) y Morsamor (1899)***

Ya en los años centrales del Realismo, al lado de Galdós, Pardo Bazán o Clarín, se desarrolla la obra de José María de Pereda (1833-1906). La obra de Pereda suele dividirse en dos etapas:

(a) **<u>Novela regionalista</u>**, son en realidad cuadros de costumbres ampliados en los que el autor no sólo se preocupa de retratar tipos y costumbres de su idílica montaña o mar de su Santander natal , sino que dedica especial atención a reflejar el lenguaje de sus personajes, sus tradiciones y costumbres . Destacamos las novelas

La Galerna (1884), Sotileza (1885), La tempestad de nieves de Peñas Arriba (1893)

(b) **<u>Novelas de tesis</u>** orientadas a defender las convicciones ideológicas del autor, el cual era conservador. Con ellas intenta contrarrestar la, para él, influencia nociva de los otros escritores contemporáneos, especialmente de Galdós. Destacamos:

Don Gonzalo González de la Gonzalera (1878), El Buey Suelto(1877), De tal palo tal astilla(1879), Los hombres de pro (1872)

3.2 BENITO PÉREZ GALDÓS

Benito Pérez Galdós (1843-1920) es uno de los escritores más importantes en lengua castellana. Políticamente se adscribió al progresismo (cuyo jefe, Sagasta, le llevó a ser diputado). A principios de siglo se declara republicano y llega a establecer contacto con los socialistas, aunque la radicalización de sus ideas va acompañada de un espíritu cada vez más tolerante (fue amigo de Pereda y Menéndez Pelayo, tradicionalistas, y admiró al político conservador Cánovas). Los últimos diez años de su vida fueron tristes: pierde la vista, conoce dificultades económicas, sus enemigos impiden que se le otorgue el Premio Nobel, ...

La amplia galería de personajes que circulan por su ingente obra sólo es comparable con la de Balzac; sus novelas permiten una reconstrucción de la historia y formas de vida del siglo XIX, de los conflictos personales, sociales y políticos

Galdós es un poderoso pintor de ambientes; cuida sumamente la documentación sobre costumbres, ambientes, acontecimientos. Además es un "realista de almas"; sus personajes son creíbles y él los retrata empleando una técnica más bien espontánea: con pinceladas sueltas, a través de su forma de hablar, de los gestos, va componiendo retratos vivísimos.

La extensa obra de Galdós la podemos clasificar de diferentes formas, si atendemos a un orden cronológico podemos distinguir tres periodos:

1. Novelas de tesis, de preocupación social (1873-1881)

- En esta primera época salen a la luz siete novelas entre las que figuran ***Doña Perfecta (1876)***, ***Gloria (1877)*** y ***La Familia de Leon Roch (1878)***

  En todas estas obras manifiesta su preocupación por la influencia de la Iglesia en la educación y formas de vida de unas criaturas literarias cuyas vidas se van a ver truncadas por la intransigencia de unos preceptos religiosos dogmáticos y ajenos a las necesidades humanas

- También salen a la luz las dos primeras series de ***Los Episodios Nacionales***:

  — Primera Serie (1873-1875):

  Sobre la guerra de la Independencia

  — Segunda Serie (1875-1879):

  Últimos episodios de la guerra y reinado de Fernando VII

- De esta misma época es la novela sentimental ***Marianela (1878)*** cuya heroína conserva algunos rasgos del folletín postromántico.

2. Novelas contemporáneas (1881 -1892)

Así llamó Galdós a 24 novelas que publicó a partir de 1881; se trata de un amplísimo fresco del Madrid de su tiempo. Casi nada falta: los burgueses adinerados, los nobles arruinados, los burócratas influyentes o cesantes, las pobres gentes,... desfilan por los rincones más variados de Madrid.

En sus páginas se dan cita los sentimientos más nobles y los más mezquinos, el ideal y la bajeza, la picaresca de todos los niveles, la caridad y la avaricia, la ostentación y la mugre, la inocencia y la perseverancia, ...

Este conjunto de novelas presenta una gran unidad en dos aspectos. En primer lugar, muchos personajes aparecen en varias de las novelas (unas veces como principales y otras como secundarios). En segundo lugar, está la unidad de una época, de un ambiente, de una sociedad donde los personajes de ficción aparecen en un contexto histórico preciso, con exactas referencias al acontecer político.

La mirada de Galdós sigue siendo la de un espíritu progresista, agudamente crítico frente al panorama que pinta. Pero ahora, las tesis han cedido su puesto a un análisis más objetivo, exacto, de las condiciones sociales. Ahora, el lector tiene más margen para sus propias reflexiones.

Las obras más destacadas de este prodigioso mundo novelístico son, entre otras:

- ***La desheredada (1881)***; en la que se percibe influencias naturalistas tales como la herencia y los condicionamientos sociales

- ***Tormento (1884)***, ***La de Bringas (1884)***; en las que se presentan dolorosos conflictos o se denuncian la ambición, la envidia y la hipocresía de los pudientes.

- ***Fortunata y Jacinta (1886-87)***; es su obra maestra y una de las máximas novelas españolas de todos los tiempos.

  Su eje argumental es el enamoramiento de dos mujeres de diferentes clases sociales de un mismo hombre: Juan Santa Cruz, prototipo del hijo de familia acomodada.

  Jacinta, mujer de alta condición social, estéril, acaba casándose con Santa Cruz y adoptando al hijo que su marido ha tenido con Fortunata, de baja condición.

De esta novela no se sabe que admirar mas, si los inolvidables relatos de las dos mujeres que le dan título a la obra o el amplio panorama social que las enmarca.

- ***Miau (1888), El amigo manso (1882)***

- La serie Torquemada ***(Torquemada En La Hoguera, Torquemada En La Cruz, Torquemada En El Purgatorio, Torquemada y San Pedro)***

3. La novela humanitarista (1892 en adelante)

En estos años se percibe una inclinación de Galdós hacia los problemas espirituales. La sensibilidad humana y el simbolismo en los personajes son cada vez más patentes. Destacamos las siguientes obras:

- ***Nazarín (1895)***; presenta a un sacerdote que fracasa en un mundo mezquino e incapaz de comprender sus exigencias de pureza evangélica.

- ***Misericordia (1897)***; otra de sus obras maestras, es la novela de la caridad; presenta a la inolvidable Benina –criada de pobres que aún quieren aparentar-, nos descubre un mundo de miserias y conmovedor.

- ***El abuelo (1904);*** el tema fundamental de la novela es el decadentismo de la clase aristocrática.

- También aparecen la segunda parte de ***Los Episodios Nacionales***:

— Tercera Serie (1898-1900):

Primera guerra carlista y parte de la época de Isabel II

— Cuarta Serie (1901-1907):

Hasta el destronamiento de Isabel II en 1868

— Quinta Serie (1907-1912):

Desde el 68 hasta la restauración de Alfonso XII.

3.3 LEOPOLDO ALAS CLARÍN

Leopoldo Alas (1852-1901), conocido por el seudónimo de "Clarín" fue, junto con Pérez Galdós, la pareja de grandes novelistas españoles del siglo XIX.

Nació en Zamora pero se trasladó pronto a Oviedo, donde fue catedrático de Derecho Romano. Políticamente fue republicano, cercano al krausismo, y espiritualmente estuvo al margen del catolicismo oficial.

Las fuentes de la que bebe son diversas: Zola influye en su técnica; Stendhal y Flaubert en el estudio psicológico de sus personajes; Galdós, en su actitud crítica ante la España de entonces.

Además de ser autor de cuentos de sumo interés y crítico profundo, es un excelente novelista, creador de ***La Regenta*** en opinión de muchos, la mejor novela española del siglo XIX. Entre 1875 y su muerte, produjo varias novelas cortas, más de sesenta cuentos y dos novelas extensas

- *Entre sus novelas cortas destacan **Doña Berta**, **Pipa**, **Cuervo** y **Superchería**.*

- De los cuentos y relatos: ***El Señor y lo demás son cuentos***, ***Cuentos Morales***, ***El gallo de Sócrates***, obra póstuma, y ***Doctor Sutilis***.

- Las dos novelas extensas son ***Su único hijo (1890)*** y ***La Regenta (1884/85)***

La Regenta

La trama de la novela puede resumirse en pocas líneas:

- La joven Ana Ozores está casada con el antiguo Regente de la Audiencia, Don Víctor Quintanar, hombre bonachón pero mediocre y de mucha más edad que ella. No tiene hijos y tiene crisis religiosas que intentará solucionar con su confesor Don Fermín de Pas.

- El temperamento soñador e insatisfecho de “la Regenta” le hace oscilar entre una religiosidad sentimental, aprovechado por su confesor (el turbio Don Fermín de Pas) y una sensualidad romántica que le hará caer en los brazos de cínico seductor, Don Álvaro de Mesía.

- La novela concluye con la victoria del deseo, la muerte de Don Víctor en duelo con Don Álvaro. Con ello, el amor de Don Fermín de Pas se convierte en desprecio y la soledad e impotencia vital de Ana en ese sentimiento de asco con que acaba la novela cuando sueña que es besada por un sapo y se desmaya.

En la minuciosa y certera penetración psicológica de los personajes, no hay novela del siglo XIX que la iguale:

- Ana Ozores es una mujer enfermiza, marcada por una infancia represiva, frustrada en su matrimonio, ahogada por la mediocridad que la rodea (al igual que Emma Bovary, de Flaubert).

- Fermín de Pas es la ambición, la sed de poder, acaso motivada también por su dura infancia en un mísero ambiente minero, del que escapó por las vías de un sacerdocio sin vocación (el autor parece haberse inspirado en la novela de Zola, *La coquête de Plassans*)

- Álvaro Mesía es un Don Juan provinciano, brillante y sin escrupulos

- Hay, además, numerosos personajes secundarios que constituyen el más completo cuadro de una ciudad; ciudad que es Oviedo (llamada Vetusta en la novela), pero que puede ser cualquier ciudad provinciana.

Dentro de los conflictos personales, la novela une dos líneas de gran tradición novelesca: los conflictos del sacerdote enamorado (Don Fermín de Pas) y los de la casada e insatisfecha (Ana Ozores).

La novela ha sido calificada de naturalista. Sin embargo, no lo es plenamente aunque se acerque en muchos aspectos a los postulados de tal escuela. Tenemos que:

- No se insiste en la cuestión de la herencia biológica, aunque tal vez se halle sugerida en dos antecedentes de los personajes principales.

- Si desarrolla ampliamente la presión de las circunstancias sociales: el medio en el que se educó Ana, los orígenes miserables de Don Fermín, la atmósfera de Vetusta que los condiciona.

- Abundancia de aspectos pútridos y crudeza en algunos momentos.

3.4 PALACIO VALDÉS

El asturiano Armando Palacio Valdés (1853-1937) no está muy alejado de Pereda, por su añoranza del mundo sencillo, por su tendencia a lo idílico y por su exaltación de las virtudes tradicionales. Su obra, sin embargo, está menos cargada de tesis y su tono es más amable y cordial. Sus principales novelas son

- ***La hermana San Sulpicio (1889***), de pintoresco ambiente sevillano; fue la novela que le lanzó a la fama.

- ***La alegría del capitán Ribot (1899)***, localizada en tierras valencianas.

- ***La aldea perdida (1903),*** cuya acción presenta los estragos de la invasión minera en un valle asturiano, antes idílico y ahora poblado de hombres enmascarados por el carbón y degradados por el alcohol.

3.5 EMILIA PARDO BAZÁN

Emilia Pardo Bazán (1851-1921), fue una eminente escritora coruñesa, de extensa cultura, conocedora a fondo de los grandes novelistas franceses, ingleses y rusos, autora de múltiples estudios literarios y relatos breves.

La crítica de su tiempo la definió como naturalista (al hablar de La cuestión palpitante, ya hemos señalado su posición con respecto a Zola y su escuela) .Sus obras más destacadas son:

- ***Un viaje de novios (1881)***; en ella expresa alguna de las características de su producción narrativa posterior:

  El intento de emplear los hallazgos del naturalismo francés dentro de la tradición española, despojándolo de sus excesos descriptivos, de la pintura de los aspectos más desagradables de la realidad con olvido de la ternura y el humor.

- ***San Francisco de Asís (1882***), que es una biografía novelada que refleja sus profundas crisis religiosas y la búsqueda personal de un camino que respondiese a la necesidad de encauzar sus inquietudes fuera de la hipocresía y el dogmatismo de algunos administradores de la Iglesia

- ***La Tribuna (1883)***, trata de adaptar las tesis naturalistas a la realidad española para describir la vida de unas obreras que trabajan en una fábrica de cigarros de La Coruña.

- ***Los pazos de Ulloa (1886)*** y su continuación, ***La madre Naturaleza (1887),*** representan la cumbre de su quehacer novelístico.

Galicia está presente en ambas novelas, con una relevante y amorosa atención a sus paisajes campesinos. Presenta un ambiente de desmesurada violencia y barbarie, un marco de pasiones elementales, instintivas y primarias.

3.6 VICENTE BLASCO IBÁÑEZ

El novelista más cercano a la ortodoxia naturalista es, sin duda, el valenciano Vicente Blasco Ibáñez (1867-1928). Se le llamó "el Zola español" ya que compartía con el novelista francés:

- Una ideología revolucionaria.
- Una predilección por los ambientes sórdidos.
- La crudeza de los temas.
- Cierta preocupación por las taras hereditarias.

Aunque algunos autores le suele incluir en la Generación del 98, por su estética, se le debe situar dentro de la corriente del naturalismo. Desde el punto de vista artístico, muestra una composición poco cuidada de sus novelas y un estilo no siempre correcto; sin embargo destaca el vigor colorista de sus pinceladas descriptivas en la captación del mundo rural valenciano, semejantes en luminosidad y vigor a los trazos de los pinceles de su gran amigo, el ilustre pintor valenciano Joaquín Sorolla. Su extensa obra se puede agrupar en los siguientes conjuntos:

(a) Novelas Regionales

Utiliza el marco valenciano para explicar el presupuesto naturalista de las relaciones entre el hombre y el medio. Son sus novelas más valiosas, entre las que destacamos:

La Barraca (1894), Arroz y tartana (1894), Flor de Mayo (1895), Entre Naranjos (1900), Cañas y Barros (1902)

(b) Novelas de pretensiones revolucionarias

Siguiendo la línea de Zola, Blasco Ibáñez construye algunas novelas fuertemente impregnadas de una ideología que denuncia la explotación y toma partido por quienes se oponen a una sociedad clasista e injusta.

La Catedral (1903), La Bodega (1904/5), El Intruso (1904), La Horda (1905).

(c) Novela de ambiente costumbrista

En ella, se recrea la vida de diferentes colectivos retratados en sus ambientes. Destacamos:

Sangre y Arena (1908), sobre el mundo taurino; La maja desnuda (1906), recreación del mundo artístico de la época.

(d) Novelas sobre sucesos contemporáneos

Adquieren especial relevancia en su época las referidas a la guerra europea d 1914-1918:

Los cuatro jinetes del Apocalipsis (1916), Mare Nostrum.

(e) Novelas históricas

Recrea figuras del pasado como la del antipapa Luna en ***El Papa del mar (1925)*** y formas de vida a partir de personajes como en ***Sonnica***, una cortesana situada en Cartago.

4.- ACTIVIDADES PARA EL AULA

1. Diferencias fundamentales entre el Realismo y el Romanticismo.
2. Consultar páginas de internet y la documentación del libro para elaborar un esquema con las principales características del Realismo como movimiento artístico y literario
3. Consultando diferentes páginas web, realiza un cuadro donde aparezcan las cinco series de los Episodios Nacionales de Galdós con sus novelas correspondientes.
4. Analiza las nuevas ideas que aporta el Naturalismo con respecto al Realismo. ¿Qué autor francés creó el movimiento naturalista?
5. Cita los nombres de autores realistas franceses, ingleses y rusos e indica sus principales obras.
6. Utilizando diferentes páginas web y la documentación aportada por este libro, realiza un resumen del argumento de la Regenta y de las características de los personajes centrales de la obra.

7. Utilizando diferentes páginas web y la documentación aportada por este libro, realiza un resumen del argumento de la novela de Galdós Fortunata y Jacinta y de las características de los personajes centrales de la obra

8. ¿Qué es una novela de tesis?. Enumera algunas correspondientes al Realismo.

9. Enumera los constituyentes básicos de una novela realista.

10. Une cada autor con la obra literaria correspondiente:

Benito Pérez Galdós	La Gaviota
Fernán Caballero	Guerra y Paz
Juan Valera	Madame Bovary
Vicente Blasco Ibáñez	Crimen y Castigo
Gustave Flaubert	Los Pazos de Ulloa
Emilia Pardo Bazán	Pepita Jiménez
Lev Tostoi	Cañas y Barro
Clarín	La comedia Humana
Balzac	La Regenta
Fedor Dostoievski	Misericordia

LECTURA Nº 1: La Regenta

El primer capítulo de la novela de Clarín se centra en la figura del Magistral, Don Fermín de Pas. Comienza con una espléndida visión de Vetusta a la hora de la siesta, en la que destaca la torre de la catedral (modelo de descripción). A esta torre sube Don Fermín, para observar con un anteojo la ciudad, "su presa". En la caracterización del personaje, Clarín escoge un significativo punto de arranque que define la ambición que caracteriza a este personaje. Descúbrelo mediante la lectura del siguiente fragmento

Vetusta y las ambiciones de Don Fermín de Pas

Uno de los recreos solitarios de don Fermín de Pas consistía en subir a las alturas. Era montañés, y por instinto buscaba las cumbres de los montes y los campanarios de las iglesias. En todos los países que había visitado había subido a la montaña más alta, y si no las había, a la más soberbia torre. No se daba por enterado de cosa que no viese a vista de pájaro, abarcándola por completo y desde arriba. Cuando iba a las aldeas acompañando al Obispo en su visita, siempre había de emprender, a pie o a caballo, como se pudiera, una excursión a lo más empingorotado. En la provincia, cuya capital era Vetusta, abundaban por todas partes montes de los que se pierden entre nubes; pues a los más arduos y elevados ascendía el Magistral, dejando atrás al más robusto andarín, al más experto montañés. Cuanto más subía más ansiaba subir; en vez de fatiga sentía fiebre que les daba vigor de acero a las piernas y aliento de fragua a los pulmones. Llegar a lo más alto era un triunfo voluptuoso para De Pas. Ver muchas leguas de tierra, columbrar el mar lejano, contemplar a sus pies los pueblos como si fueran juguetes, imaginarse a los hombres como infusorios, ver pasar un águila o un milano, según los parajes, debajo de sus ojos, enseñándole el dorso dorado por el sol, mirar las nubes desde arriba, eran intensos placeres de su espíritu altanero, que De Pas se procuraba siempre que podía. Entonces sí que en sus mejillas había fuego y en sus ojos dardos. En Vetusta no podía saciar esta pasión; tenía que contentarse con subir algunas veces a la torre de la catedral. Solía hacerlo a la hora del coro, por la mañana o por la tarde, según le convenía. Celedonio, que en alguna ocasión, aprovechando un descuido, había mirado por el anteojo del Provisor, sabía que era de poderosa atracción; desde los segundos corredores, mucho más altos que el campanario, había él visto perfectamente a la Regenta, una guapísima señora, pasearse, leyendo un libro, por su huerta que se llamaba el Parque de los Ozores; sí, señor, la había visto como si pudiera tocarla con la mano, y eso que su palacio estaba en la rinconada de la Plaza Nueva, bastante lejos de la torre, pues tenía en medio de la plazuela de la catedral, la calle de la Rúa y la de San Pelayo. ¿Qué más? Con aquel anteojo se veía un poco del billar del casino, que estaba junto a la iglesia de Santa María; y él, Celedonio, había visto pasar las bolas de marfil rodando por la mesa. Y sin el anteojo ¡quiá!, en cuanto se veía el balcón como un ventanillo de una grillera. Mientras el acólito hablaba así, en voz baja, a Bismarck, que se había atrevido a acercarse, seguro de que no había peligro, el Magistral, olvidado de los campaneros, paseaba lentamente sus miradas por la ciudad escudriñando sus rincones, levantando con la imaginación los techos, aplicando su espíritu a aquella inspección minuciosa, como el naturalista estudia con poderoso microscopio las pequeñeces de los cuerpos. No miraba a los campos, no contemplaba la lontananza de montes y nubes; sus miradas no salían de la ciudad.

Vetusta era su pasión y su presa. Mientras los demás le tenían por sabio teólogo, filósofo y jurisconsulto, él estimaba sobre todas su ciencia de Vetusta. La conocía palmo a palmo, por dentro y por fuera, por el alma y por el cuerpo, había escudriñado los rincones de las conciencias y los rincones de las casas. Lo que sentía en presencia de la heroica ciudad era gula; hacía su anatomía, no como el fisiólogo que sólo quiere estudiar, sino como el gastrónomo que busca los bocados apetitosos; no aplicaba el escalpelo sino el trinchante [...]

Don Fermín contemplaba la ciudad. Era una presa que le disputaban, pero que acabaría de devorar él solo. ¡Qué! ¿También aquel mezquino imperio habían de arrancarle? No, era suyo. Lo había ganado en buena lid. ¿Para qué eran necios? También al Magistral se le subía la altura a la cabeza; también él veía a los vetustenses como escarabajos; sus viviendas viejas y negruzcas, aplastadas, las creían los vanidosos ciudadanos palacios y eran madrigueras, cuevas, montones de tierra, labor de topo... ¿Qué habían hecho los dueños de aquellos palacios viejos y arruinados de la Encimada que él tenía allí a sus pies? ¿Qué habían hecho? Heredar. ¿Y él? ¿Qué había hecho él? Conquistar.

LECTURA Nº 2: Fortunata y Jacinta (I)

El siguiente fragmento pertenece al capítulo II de la segunda parte.

[...] Quedó convenido entre Fortunata y su protector tomar un cuarto que estaba desalquilado en la misma casa. Rubín insistió mucho en la modestia y baratura de los muebles que se habían de poner, porque... (para que se vea si era juicioso) «conviene empezar por poco». Después se vería, y el humilde hogar iría creciendo y embelleciéndose gradualmente. Aceptaba ella todo sin entusiasmo ni ilusión alguna, más bien por probar. Maximiliano le era poco simpático; pero en sus palabras y en sus acciones había visto desde el primer momento la persona decente, novedad grande para ella. Vivir con una persona decente despertaba un poco su curiosidad. Dos días estuvo ocupada en instalarse. Los muebles se los alquiló una vecina que había levantado casa, y Rubín atendió a todo con tal tino, que Fortunata se pasmaba de sus admirables dotes administrativas, pues no tenía ni idea remota de aquel ingenioso modo de defender una peseta, ni sabía cómo se recorta un gasto para reducirlo de seis a cinco, con otras artes financieras que el excelente chico había aprendido de doña Lupe.

Tratando de medir el cariño que sentía por su amiga, Maximiliano hallaba pálida e inexpresiva la palabra querer, teniendo que recurrir a las novelas y a la poesía en busca del verbo amar, tan usado en los ejercicios gramaticales como olvidado en el lenguaje corriente. Y aun aquel verbo le parecía desabrido para expresar la dulzura y ardor de su cariño. Adorar, idolatrar y otros cumplían mejor su oficio de dar a conocer la pasión exaltada de un joven enclenque de cuerpo y robusto de espíritu.

[...] Soñaba con redenciones y regeneraciones, con lavaduras de manchas y con sacar del pasado negro de su amada una vida de méritos. El generoso galán veía los más sublimes problemas morales en la frente de aquella infeliz mujer, y resolverlos en sentido del bien parecíale la más grande empresa de la voluntad humana. Porque su loco entusiasmo le impulsaba a la salvación social y moral de su ídolo, y a poner en esta obra grandiosa todas las energías que alborotaban su alma. Las peripecias vergonzosas de la vida de ella no le desalentaban, y hasta medía con gozo la hondura del abismo del cual iba a sacar a su amiga; y la había de sacar pura o purificada. En aquellas confidencias que ambos tenían, creía Maximiliano advertir en la pecadora un cierto fondo de rectitud y menos corrupción de lo que a primera vista parecía. ¿Se equivocaría en esto? A veces lo sospechaba; pero su buena fe triunfaba al instante de esta sospecha. Lo que sí podía sostener sin miedo a equivocarse era que Fortunata tenía vivos deseos de mejorar su personalidad, es decir, de adecentarse y pulirse. Su ignorancia era, como puede suponerse, completa. Leía muy mal y a trompicones, y no sabía escribir.

Lo esencial del saber, lo que saben los niños y los paletos, ella lo ignoraba, como lo ignoran otras mujeres de su clase y aun de clase superior. Maximiliano se reía de aquella incultura rasa, tomando en serio la tarea de irla corrigiendo poco a poco. Y ella no disimulaba su barbarie; por el contrario, manifestaba con graciosa sinceridad sus ardientes deseos de adquirir ciertas ideas y de aprender palabras finas y decentes. Cada instante estaba preguntando el significado de tal o cual palabra, e informándose de mil cosas comunes. No sabía lo que es el Norte y el Sur. Esto le sonaba a cosa de viento; pero nada más. Creía que un senador es algo del Ayuntamiento. Tenía sobre la imprenta ideas muy extrañas, creyendo que los autores mismos ponían en las páginas aquellas letras tan iguales. No había leído jamás libro ninguno, ni siquiera novela. Pensaba que Europa es un pueblo y que

Inglaterra es un país de acreedores. Respecto del sol, la luna y todo lo demás del firmamento, sus nociones pertenecían - al orden de los pueblos primitivos. Confesó un día que no sabía quién fue Colón. Creía que era un general, así como O'Donnell o Prim. En lo religioso no estaba más aventajada que en lo histórico. La poca doctrina cristiana que aprendió se le había olvidado. Comprendía a la Virgen, a Jesucristo y a San Pedro; les tenía por muy buenas personas, pero nada más. Respecto a la inmortalidad y a la redención, sus primeras ideas eran muy confusas. Sabía que arrepintiéndose uno, bien arrepentido, se salva; eso no tenía duda, y por más que dijeran, nada que se relacionase con el amor era pecado.

Sus defectos de pronunciación eran atroces. No había fuerza humana que le hiciera decir fragmento, magnífico, enigma y otras palabras usuales. Se esforzaba en vencer esta dificultad, riendo y machacando en ella; pero no lo conseguía. Las eses finales se le convertían en jotas, sin que ella misma lo notase ni evitarlo pudiera, y se comía muchas sílabas. Si supiera ella qué bonita boca se le ponía al comérselas, no intentara enmendar su graciosa incorrección. Pero

Maximiliano se había erigido en maestro, con rigores de dómine e ínfulas de académico. No la dejaba vivir, y estaba en acecho de los solecismos para caer sobre ellos como el gato sobre el ratón. «No se dice diferiencia, sino diferencia. No se dice Jacometrenzo, ni Espiritui Santo, ni indilugencias. Además escamón y escamarse son palabras muy feas, y llamar tiologías a todo lo que no se entiende es una barbaridad. Repetir a cada instante pa chasco es costumbre ordinaria», etc...

Lo mejorcito que aquella mujer tenía era su ingenuidad. Repetidas veces sacó Maximiliano a relucir el caso de la deshonra de ella, por ser muy importante este punto en el plan de regeneración. El inspirado y entusiasta mancebo hacía hincapié en lo malos que son los señoritos y en la necesidad de una ley a la inglesa que proteja a las muchachas inocentes contra los seductores. Fortunata no entendía palotada de estas leyes. Lo único que sostenía era que el tal Juanito Santa Cruz era el único hombre a quien había querido de verdad, y que le amaba siempre. ¿Por qué decir otra cosa? Reconociendo el otro con caballeresca lealtad que esta consecuencia era laudable, sentía en su alma punzada de celos, que trastornaba por un instante sus planes de redención.

«¿Y le quieres tanto, que si le vieras en algún peligro le salvarías?».

-Claro que sí... me lo puedes creer. Si le viera en un peligro, le sacaría en bien, aunque me perdiera yo. No sé decir más que lo que me sale de entre mí. Si no es verdad esto, que no llegue a la noche con salud.

Se puso tan guapa al hacer esta declaración, que Rubín la miró mucho antes de decir:

«No, no jures; no necesitas jurarlo. Te creo. Di otra cosa. Y si ahora entrara por esa puerta y te dijera: 'Fortunata, ven' ¿irías?».

Fortunata miró a la puerta. Rubín tragaba saliva y buscaba en el sitio donde tenemos el bigote algo que retorcer, y encontrando sólo unos pelos muy tenues, los martirizaba cruelmente.

«Eso... según... -dijo ella plegando su entrecejo-. Me iría o no me iría...».

CUESTIONES

1. Después de leer este fragmento, indica a qué parte de la obra pertenece. ¿De qué modo influyen los hechos que narra en el desarrollo argumental de Fortunata y Jacinta?

2. El narrador de Fortunata y Jacinta es un narrador omnisciente, es decir, aquel que todo lo ve, todo lo sabe y que hace juicios de valor, expresa sus propias opiniones. Lee con atención el texto y señala las intervenciones del narrador omnisciente.

3. El Regeneracionismo es una corriente que pretende “regenerar” el país por medio de la educación. ¿Es quizás Maxi Rubín un representante de esta corriente?. Indica de que modo pretende llevarlo a cabo y con quién.

LECTURA Nº 3: Fortunata y Jacinta (II)

El siguiente texto pertenece al capítulo VI de la cuarta parte de la novela Fortunata y Jacinta

— ¿Onde está el judío ladrón que ha entrado sin mi premiso?, ¡hostia!, que le parto por la metá

El lenguaje de Segunda no desmerecía del de su hermano por la finura ni por lo escogido de las voces, lo que desagradaba extraordinariamente a Ido. Maxi salió a la salita, y José Izquierdo se le cuadró ladrándole así:

— ¡Ah!, era usté. Ora mismo a la calle... brrr... ¡Y que tengo yo un genio mu blando...! Pues si le llego a ver antes ¡hostia!, me caso con la santísima... si le llego a ver antes, por el judío balcón, ¡hostia!, va solutamente a la calle».

CUESTIONES

1. Una característica del Realismo es la creación de un nuevo lenguaje. Analiza el texto y señala esta característica en el mismo.

2. Galdós retreta se personajes mediante la animalización. ¿Encontramos este recurso en el texto?, indica dónde.

3. Las novelas de Galdós tienen por título apodos o nombres propios de sus personajes. En este texto encontramos el nombre de varios personajes utilizados de forma irónica por el autor. Indica cuáles son y por qué Galdós ha elegido ese nombre.

LECTURA Nº 4: Los Pazos de Ulloa

El siguiente texto pertenece a la novela de Emilia Pardo Bazán, *Los Pazos de Ulloa*. Indicar si el texto pertenece a la estética realista o a la naturalista. Razonar la respuesta

Volvióse Perucho hacia la botella y luego, como instintivamente, dijo que no con la cabeza, sacudiendo la poblada zalea de sus rizos. No era Primitivo hombre de darse por vencido tan fácilmente: sepultó la mano en el bolsillo del pantalón y sacó una moneda de cobre.

-De ese modo... -refunfuñó el abad.

-No seas bárbaro, Primitivo -murmuró el marqués entre placentero y grave.

-¡Por Dios y por la Virgen! -imploró Julián-. ¡Van a matar a esa criatura! Hombre, no se empeñe en emborrachar al niño: es un pecado, un pecado tan grande como otro cualquiera. ¡No se pueden presenciar ciertas cosas!

Al protestar, Julián se había incorporado, encendido de indignación, echando a un lado su mansedumbre y timidez congénita. Primitivo, de pie también, mas sin soltar a Perucho, miró al capellán fría y socarronamente, con el desdén de los tenaces por los que se exaltan un momento. Y metiendo en la mano del niño la moneda de cobre y entre sus labios la botella destapada y terciada aún de vino, la inclinó, la mantuvo así hasta que todo el licor pasó al estómago de Perucho. Retirada la botella, los ojos del niño se cerraron, se aflojaron sus brazos, y no ya descolorido, sino con la palidez de la muerte en el rostro, hubiera caído redondo sobre la mesa, a no sostenerlo primitivo. El marqués, un tanto serio, empezó a inundar de agua fría la frente y los pulsos del niño; Sabel se acercó, y ayudó también a la aspersión; todo inútil: lo que es por esta vez, Perucho la tenía.

5.- BIBLIOGRAFÍA

- Menéndez Peláez, Jesús, Ignacio Arellano, José M. Caso González y J.M. Martínez Cachero, *Historia de la literatura española, Volumen III, siglos XVIII, XIX y XX,* León: ed.Everest, 1999.
- Menéndez Peláez, Jesús, Ignacio Arellano, José M. Caso González y J.M. Martínez Cachero, *Antología de textos literarios, Volumen IV,* León: ed.Everest, 1999.
- Lloredo Álvarez, Manuel, *El movimiento romántico y el realismo*, Madrid: ed.Santillana, 1990.
- Canavaggio, Jean, *Historia de la literatura española, tomo V, el siglo XIX*, Barcelona: ed.Ariel, 1995.
- Shaw, Donald L., *Historia de la literatura española, 5, El siglo XIX,* Barcelona: ed.Ariel , 1983.
- Martínez Jiménez, José Antonio, *Lengua Castellana y Literatura. 4º ESO*, Madrid: ed.Akal, 1998
- García, Ángel Luis y José María Echazarrate, Lengua Castellana y Literatura. 4ºESO, Madrid: ed.Editex

- Guillermo Alonso del Real, Cilleruelo Francisco, López Eduardo y Jesús Martínez, *Lengua Castellana y Literatura II*, Madrid: ed.Akal, 1997.
- *Blasco, P., Gálvez, J. González, A., Mateos, E. & Mulas, M.ª L., Lengua castellana y literatura 4.º ESO, Madrid:ed.MacGraw-Hill, 2003*

www.ingramcontent.com/pod-product-compliance
Ingram Content Group UK Ltd.
Pitfield, Milton Keynes, MK11 3LW, UK
UKHW051128260726
13967UKWH00010B/2924

9 781847 536525